LE PROBLÈME

DES

CINQ MILLIARDS.

APPEL AU PATRIOTISME,

PAR

TH. DE PRAT.

Prix : 15 centimes.

MONTAUBAN,

LIBRAIRIE LAFORGUE.

—

MARS 1871.

LE PROBLÈME

DES

CINQ MILLIARDS.

Il faut, à tout prix, que la France humiliée se
relève aux yeux du monde par un de ces actes
chevaleresques dignes de son glorieux passé et
de bon augure pour un avenir meilleur. Si elle
a été livrée, sans armes et d'un « cœur léger, »
à un ennemi implacable qui lui inflige l'infa-
mie d'un démembrement de territoire, la prive
de seize cent mille Français, agriculteurs, in-
dustriels, soldats, laborieux, intelligents, pa-
triotes, martyrs !... il ne faut pas que les
agents bottés de Bismark puissent être témoins
de notre douleur, en tenant garnison dans nos

villes de l'Est et jusque sous les murs de Paris.

L'Allemagne prétend nous ruiner; elle exige cinq milliards pour notre rançon; une fois encore elle aura montré que la guerre est pour elle affaire d'argent, manifestons une fois de plus que l'honneur est pour nous chose plus précieuse. La France a pu, dans un moment de folie, se livrer à un aventurier qui l'a corrompue pour un temps, en gorgeant ses flatteurs, ses favoris, ses traîneurs de sabre, de ce bienêtre et de ces plaisirs malsains, *panem et circenses*, objet de toute leur ambition; rendue à ellemême, elle n'a pu improviser une armée et des armements. Cette humiliation devait nous être nécessaire... Nous avons été vaincus dans une lutte devenue inégale! Si le fer a été impuissant dans nos mains affaiblies pour chasser l'envahisseur, nous pouvons encore le renvoyer noblement en lui payant sans délai le prix de notre rançon. Qu'ils partent ces burgraves, les poches pleines comme des détrousseurs de grand chemin. Qu'ils aillent au plus vite retrouver dans leurs châteaux d'un autre âge les meubles et les objets d'art qu'ils nous ont ravis avec leur délicatesse habituelle. Que leurs vertueuses compagnes viennent à leur rencontre parées des défroques de nos dames

françaises galamment dépouillées par les nobles
vassaux du Louis XI allemand et de son si-
nistre compère. Ne les retenons pas ; donnons-
leur les milliards promis et qu'ils retournent
chez eux. Que la France leur soit fermée jusqu'au jour où sonnera l'heure de la justice par
les armes, s'il le faut, ou par une révolution qui
viendra inaugurer au milieu de notre vieille
Europe la fraternité des peuples.

On parle d'un traité de commerce au prix
duquel le chancelier de l'empire germanique
abaisserait d'un milliard la carte à payer. Il
nous serait pénible de voir notre gouvernement
entrer dans cette voie ; et pourtant, s'il n'est
soutenu par le concours effectif du crédit des
citoyens, le gouvernement peut se voir con-
traint à alléger ainsi la dette, au grand avantage
de l'Allemagne qui a besoin d'échanger ses
houblons, sa choucroute et ses pendules de
bois, contre nos froments, nos vins, nos soie-
ries. Dans ce moment, d'ailleurs, il y a une
certaine dignité à refuser ce que nous demande
un vainqueur aussi tenace. Il nous a trouvés
endormis, nous reposant sur d'orgueilleuses
illusions qui n'étaient que des rêves; oppressés
par un cauchemar trop réel, réveillons-nous et
que le monde sache, une fois de plus, que la
France possède une vitalité telle, que les crises

les plus terribles sont pour elle des maladies d'épuration, d'où elle sort plus jeune et plus noble que par le passé.

Il faut donc des milliards ! !... Combien en faut-il immédiatement et une fois pour toutes? Les uns disent : trois suffiraient puisqu'il n'en reste guère que quatre à payer. Dans la pensée de plusieurs, et comme garantie du crédit lui-même et du mode de remboursement que nous proposons, il est nécessaire d'avoir en mains la somme nécessaire pour solder les Prussiens, réparer les maux de l'invasion et régler l'arriéré des frais de notre malheureuse défense nationale. Sur ce point, du reste, comme sur bien d'autres, l'auteur du plan ici exposé déclare s'en rapporter d'avance aux hommes compétents ; il serait heureux de rencontrer quelques personnes plus versées dans les combinaisons financières qui, adoptant le projet en principe, indiqueraient des moyens plus pratiques que ceux qu'il propose.

Difficultés du problème. Plusieurs propositions ont été faites. L'emprunt des cinq milliards devient le but de bien des recherches et de bien des calculs. C'est la pierre philosophale, le mouvement perpétuel. Ici pourtant le problème n'est pas insoluble puisque la France possède plus de vingt fois la somme demandée, et cependant nous croyons que cette somme n'est ni réalisée ni réalisable en France. Comme le dit un des derniers manifestes insérés au *Journal officiel :* La France ne peut être sauvée que par son crédit.

L'honorable M. Crémieux, ex-président de la délégation de Bordeaux, offre généreusement cent mille francs sur sa fortune personnelle et presque sans conditions. Supposons que tous les Français riches, ou simplement aisés, fassent des offres semblables dans la proportion de leur fortune, et les cinq milliards seront trouvés ! — Non, disons-nous. — Songez, en effet, que, d'après les statistiques les mieux autorisées, le numéraire métallique de la France s'élève à cinq milliards à peine. Ce numéraire, où est-il ? Il est répandu aux quatre coins du monde. Les Prussiens en ont enlevé une assez grande quantité par leurs réquisitions impitoyables dans les départements envahis. On en trouverait encore chez les peuples amis, mais non alliés, qui nous ont vendu à chers deniers leurs armes, bonnes ou mauvaises, neuves ou hors d'usage, avec ou sans transformation. Il y a bien encore quelques pièces de vingt francs enfouies dans diverses cachettes par l'avarice ou la peur de quelques habitants de la France. Celles-là ne seront pas les plus faciles à mettre

en circulation. Chacun peut s'apercevoir combien il faut s'industrier pour régler ses petites affaires et conserver un peu d'argent pour les menues dépenses de tous les jours. Supposons, toutefois, que la France, par un coup de commerce inattendu, combiné avec un élan de patriotisme de la part de ceux qui n'en ont pas, rentre en possession de tout son numéraire. Elle le donne à son créancier. Mais c'est alors que les transactions du grand et du petit commerce à l'extérieur et à l'intérieur deviennent impossibles.

Les divers systèmes exposés jusqu'ici prouvent l'universalité du désir de solder immédiatement, mais ils viennent, pour la plupart, se briser contre l'impossibilité matérielle que nous croyons avoir constatée. Celui que nous allons développer nous paraît accessible au dévouement et au patriotisme d'un grand nombre de citoyens, puisque nous ne demandons pas d'argent comptant, mais le simple engagement de mettre au service de la patrie une portion du crédit dont chacun peut disposer.

Quant à ceux qui voudraient que l'État prît l'initiative pour obliger les propriétaires et capitalistes à grever leurs propriétés, créances ou titres, de charges excessives, nous n'avons qu'à leur rappeler l'impôt des 45 centimes. Ce serait ruiner le crédit de la France à l'intérieur et, par suite, au dehors. Ce serait perdre l'occasion unique de montrer, par une mesure patriotique et libérale, la puissance de l'initiative individuelle, se substituant à celle de l'Etat, et s'imposant à lui pour le consolider et pour le sauver.

Posons maintenant quelques chiffres et quelques principes :

D'après les statistiques les plus récentes (1), la fortune de la France, déduction faite des valeurs commerciales et industrielles, peut être évaluée de la manière suivante :

Propriété foncière agricole,	100 millards.
Urbaine,	20 —
Titres financiers,	32 —
Numéraire et billets,	6 —
Total,	158

Réduisons encore, si l'on veut, cette somme déjà restreinte. Admettons que, par le fait de l'invasion totale ou particlle de trente départements, par la dépréciation des titres financiers, par les hypothèques antérieures ou la dé-

(1) Dictionnaire géographique de la France, par Ad. Joanne, 1869. — Introduction, page cxxvi.

duction des fortunes inférieures à dix mille
francs, lesquelles ne sauraient souscrire, le capital disponible, en vue de la souscription soit
réduit de moitié et atteigne quatre-vingt milliards seulement, il est évident pour tous qu'un
homme d'une probité reconnue, possédant
d'une manière notoire 80,000 francs de fortune en propriétés ou titres, trouvera aisément
à emprunter une somme de 6,000 francs... Le
Crédit foncier de France prête aux propriétaires, sur première hypothèque, jusqu'à concur-
rence de la moitié de la valeur des immeubles
pour les propriétés rurales, et du tiers sur les
propriétés bâties ; les *banques* font des avances
aux rentiers, capitalistes et négociants sur
dépôt des titres reconnus valables.

Cela posé, nous soumettons au patriotisme de
nos concitoyens la proposition suivante :

Il est ouvert une souscription nationale de
dix millions d'obligations de 600 francs chacune. Les souscripteurs devront justifier, par
leurs titres de propriété ou autres, qu'ils pos-
sèdent le triple de la somme totale pour laquelle ils se seront engagés. Les transcriptions
hypothécaires ou dépôts de titres seront opérés
sans frais.

Si la souscription dépassait le chiffre indi-
qué (ou celui qui serait jugé nécessaire), il se-

rait procédé à une réduction par la voie du tirage au sort.

Aussitôt que cette souscription serait close, il serait émis, sur tous les marchés du monde, un emprunt au capital de six milliards, divisé en obligations remboursables à 600 francs chacune, produisant un intérêt de 30 francs, payable par trimestre à dater du 1er octobre 1871. Le prix d'achat de ces obligations serait basé sur le cours moyen de la bourse en ce moment, soit environ 530 francs.

A dater du 15 décembre 1871, le remboursement pour l'extinction de la dette sera opéré par quarante tirages trimestriels égaux ; la somme de 600 francs, plus le quartier d'intérêts échus, sera payable dès les premiers jours du mois suivant.

Chaque souscripteur à l'emprunt recevra un titre portant, avec le numéro de son obligation, la double garantie : 1° de l'État, par le fait de l'inscription sur le grand livre de la dette publique ; 2° d'un propriétaire ou capitaliste français, dont la signature, établie sur le titre même, serait reconnue authentique et valable.

Si, à un tirage trimestriel quelconque, l'État se trouvait dans l'impossibilité de solder le capital des obligations sorties, ce capital devrait être payé par la personne servant de caution, laquelle retirerait le titre portant intérêt à son profit.

La seule condition pour la réussite de cette combinaison, c'est qu'elle devienne générale. Dans ce cas, nous sommes assurés que les représentants du pays à l'Assemblée nationale souveraine, comme aux chambres qui pourraient être nommées dans la suite, seraient inscrits sur la liste dans la proportion de leur fortune et de leur patriotisme. Cela nous suffit. Dès l'instant où il est de l'intérêt de tous que la France entre dans la voie du travail et de l'économie, les élus de la nation sauvegarderont les intérêts de leurs commettants identiques aux leurs. Ils seront ingénieux pour augmenter les ressources du budget par des encouragements au commerce, à l'industrie, à l'agricu'ture. Ces ressources ne seront pas dissipées en entreprises ruineuses ou en dépenses désordonnées, puisqu'il s'agira d'économiser six cents millions par an pour amortir l'emprunt. Ces dix ans d'expérience auront consolidé à tout jamais le système politique qui aura imprimé une telle marche aux affaires, et le résultat le plus net sera d'avoir introduit dans l'Etat, comme chez les individus, des mœurs, des habitudes, des rapprochements qui seront l'heureux présage d'une régénération sociale dont le besoin se fait vivement sentir.

Objections. — 1º On nous dit que notre proposition est injurieuse pour le crédit de la France. L'homme qui recherche une caution inspire, dit-on, peu de confiance. Cela est vrai si l'emprunteur besogneux sollicite votre garantie. Mais s'il arrive que, n'ayant pas à votre disposition la somme nécessaire à un ami, vous alliez le présenter à un capitaliste ou à un banquier, vous établissez par cela même son crédit. Telle est la situation en ce moment.

2º Vous immobilisez, ajoute-t-on, six milliards de propriétés ou de capitaux... Nous ne le pensons pas, puisqu'une hypothèque partielle n'empêche pas la vente d'un immeuble et qu'un titre déposé peut être toujours échangé contre un titre de même valeur. D'ailleurs cette charge, si elle existe, ne peut durer que dix ans, et elle se réduit de cent-cinquante millions par trimestre.

Encore une fois, ce n'est pas une affaire que nous proposons, c'est un appel au patriotisme français, et si cet appel est entendu d'une manière un peu générale, le sacrifice que nous nous imposons volontairement ne nous coûtera rien.

Deux amis voyageant ensemble dans la Ca-

labre (au temps où il y avait des brigands),
sont attaqués par une bande armée qui les dé-
valise et garde l'un d'eux en otage, exigeant
une rançon considérable. Celui qui est relâché
a l'avantage d'être connu à Naples, on lui avan-
cera la somme nécessaire à la condition qu'il
souscrive un engagement personnel pour la
rançon de son malheureux compagnon, dont lui
seul connait la solvabilité. Que penseriez-vous
de lui s'il refusait de donner sa garantie ? — La
France et ses habitants sont tombés entre les
mains d'un ennemi sans pudeur. Nous ne sau-
rions être libres tout le temps que les garni-
sons prussiennes souillent de leur odieuse pré-
sence une partie de notre sol. Gouvernement
et citoyens ont été dévalisés, ruinés, notre crédit ne doit-il pas être mis en commun ? notre
malheur ne doit-il pas nous rapprocher l'un de
l'autre ? ne devons-nous pas nous secourir
mutuellement ?

Que des Comités se forment dans tous les
départements qui n'ont pas subi la souillure
de l'invasion. Habitants du Tarn-et-Garonne
prenons l'initiative sans acception de systèmes
ou de tendances politiques. Réunissons-nous
dans le but d'accepter la combinaison qui nous
paraîtra devoir réunir les adhésions les plus
nombreuses. Que les Allemands rentrent chez

eux, puis recueillons-nous et reconstituons la France par le concours désintéressé de tous ses vrais enfants.

Le soussigné souscrit pour quarante obligations.

Montauban, 15 mars 1871.

(Extrait du *Républicain de Tarn-et-Garonne.*)

Montauban, imp. Coop. — J. VIDALLET, Gérant.